Challenge Su

	2				9	3	6	
		3		4		2		
7				8				
5		2			7			
		8				5		
			1			9		8
				1				6
		9		2		7		
	4	6	7				1	

Time taken: ____ ☆☆☆☆☆

Challenge Sudoku

9							7	
2		7		3		6	8	
	4		7					
3			4			9		8
				5		3		
6		4			1			3
					7		5	
	3	8		6		7		1
	6							9

Time taken: ____ ☆☆☆☆☆

Challenge Sudoku

9	5						4	
4				6				
		8	3	5				7
	4				5			9
	2						1	
3			1				8	
7				4	1	6		
				7				8
	6						2	4

Time taken: ____ ☆☆☆☆☆

Challenge Sudoku

	7				9	3		6
			6					
					7	5	4	
		7		9	2			
	2		7		5		9	
			8	4		1		
	8	6	9					
				8				
5		4	1				2	

Time taken: ____ ☆☆☆☆☆

Challenge Sudoku

6						7		
	5					2	4	
			8				5	3
8					1		3	
3			4	2	5			9
	2		3					4
4	8				3			
	1	2					9	
	7							6

Time taken: ____ ☆☆☆☆☆

Challenge Sudoku

			5					
4		5				6		3
				1	8	7		
	6	4		5	2			
2								5
			3	7		1	6	
		7	6	9				
6	3					5		7
				7				

Time taken: ____ ☆☆☆☆☆

Challenge Sudoku

	7		1					9
		5			9		2	1
	3			4				8
					4			
	9	1	7		5	6	3	
			3					
9				3			5	
5	1		4			9		
8				7		1		

Time taken: ____ ☆☆☆☆☆

Challenge Sudoku

7					6			9
	6		5					
			9	3		7		5
2		6				3		
	9			4			8	
		4				1		2
6		8		1	4			
					8		7	
9			3					1

Time taken: ____ ☆☆☆☆☆

Challenge Sudoku

6			4			5		
3	2	8		5	9			
			6			1		
						4		1
	3						2	
9		2						
		6			4			
			5	1		6	4	9
		3			8			5

Time taken: ____ ☆☆☆☆☆

Challenge Sudoku

6						8		
	3			7			4	9
8		5	4					
			8	4				
9	8	4				5	7	1
				5	7			
					4	3		5
4	6			3			8	
		2						4

Time taken: ____ ☆☆☆☆☆

Challenge Sudoku

						7	6	
				1		4		
4	3	5		6			1	
		9	7		1		8	
	1		2		5	9		
	8			7		2	6	3
		2		3				
5	7							

Time taken: ____ ☆☆☆☆☆

Challenge Sudoku

	8		3	5		9	4	
						1	6	
		2			6			
	9				1			8
		3				4		
7			5				9	
			9			2		
	4	8						
	6	9		3	2		1	

Time taken: ____ ☆☆☆☆☆

Challenge Sudoku

	9				1			7
	3			2				4
7	4		6			3		
			2					
3		7	1		4	8		2
					6			
		4			3		7	5
2				6			9	
1			7				3	

Time taken: ____ ☆☆☆☆☆

Challenge Sudoku

2					4			9
		8			3		1	
		9		2		8		
	2	3				9		
7				8				5
		6				3	8	
		5		3		1		
	8		9			6		
4			6					3

Time taken: ____ ☆☆☆☆☆

Challenge Sudoku

2	7				1			6
5						3		
9				3	8	4		
						1	3	
3				5				4
	2	4						
		1	6	7				8
		2						3
6			2				1	5

Time taken: ____ ☆☆☆☆☆

Challenge Sudoku

								2
	6				7		9	
			2	8	9			6
	1						4	3
		3	9	2	1	6		
9	7						8	
3			1	6	5			
	8		4				7	
5								

Time taken: ____ ☆☆☆☆☆

Challenge Sudoku

	6	4				5		
			7			6		
7					2	8	1	
	4		6	7				
			9	8	1			
				3	4		9	
	8	5	4					3
		6			9			
		9				7	5	

Time taken: ____ ☆☆☆☆☆

Challenge Sudoku

3			1	8				9
9		5			4	1		
					2		3	
		7				8		1
		3				9		
6		4				3		
	6		4					
		1	3			5		2
5				2	1			8

Time taken: ____ ☆☆☆☆☆

Challenge Sudoku

				7			2	
	5				8	6	1	
		9		3		8		7
3				6				
		2		9		4		
			5					9
1		6		8		9		
	8	3	2				7	
9			6					

Time taken: ____ ☆☆☆☆☆

Challenge Sudoku

2				9	4		1	
5				6			2	
	6	1						9
	3					8		
			2	1	9			
		9					7	
8						1	5	
	4			3				7
	1		4	8				2

Time taken: ____ ☆☆☆☆☆

Challenge Sudoku

3				2		4	8	
2			3			9		
8	4		9		7			
			8					2
		9				5		
6					1			
			2		8		3	4
		3			9			7
	6	8		7				1

Time taken: ____ ☆☆☆☆☆

Challenge Sudoku

1	2				8	3		
3			4			5		
					3		2	4
					4	9		
	4	9				6	8	
		5	6					
9	8		3					
		6			2			9
		1	5				7	8

Time taken: ____ ☆☆☆☆☆

Challenge Sudoku

	4			5	6		3	
7		8	2		3			4
						6		
8							1	
		4	7		5	8		
	7							6
	8							
4			6		7	2		1
	1		3	9			8	

Time taken: ____ ☆☆☆☆☆

Challenge Sudoku

7					1			
9	2	1				7		
	3		7					9
6						1	8	5
				6				
3	8	9						4
5					7		2	
		8				4	9	7
			8					3

Time taken: ____ ☆☆☆☆☆

Challenge Sudoku

	5						3	9
9	8			6	1		5	
				4			7	
				3	6			
		5	2		8	1		
			7	1				
	9			8				
	3		1	7			9	8
2	1					4		

Time taken: ____ ☆☆☆☆☆

Challenge Sudoku

7					9			6
		1	5		3			
					8		9	7
6		8				7		
		9		2		5		
		3				8		2
1	5		9					
			3		2	9		
3			7					5

Time taken: ____ ☆☆☆☆☆

Challenge Sudoku

	9		4		1			8
		4			3			
			9	8				
	2	7	3				4	
	1			6			3	
	3				9	7	5	
				2	6			
			7			6		
9			1		5		7	

Time taken: ____ ☆☆☆☆☆

Challenge Sudoku

	6		9	2		1		
		2	5				3	
1			6				5	7
3					2		8	
	5		8					2
5	3				7			4
	4				5	7		
		9		4	8		1	

Time taken: ____ ☆☆☆☆☆

Challenge Sudoku

5	2		7					
			1	2				7
	9			6		5		1
						4		6
	6			7			3	
4		5						
8		7		4			5	
3				9	8			
					7		4	3

Time taken: _____ ☆☆☆☆☆

Challenge Sudoku

	6	4	5					
2			4			8		
3					6		5	
6		1				5		
5	3						8	9
		9				2		3
	5		1					2
		6			4			8
					2	3	4	

Time taken: ____ ☆☆☆☆☆

Challenge Sudoku

1	5	9	4	3				
		3			7	5		
4			6	5				8
	9			1			5	
8				7	9			1
		8	1			9		
				4	8	6	3	7

Time taken: _____ ☆☆☆☆☆

Challenge Sudoku

	6					5		
		8		9	1	4		
		7				1	8	2
	1				4	3		
				6				
		5	7				1	
8	2	9				6		
		1	6	5		8		
		4					7	

Time taken: ____ ☆☆☆☆☆

Challenge Sudoku

6	5		2				9	7
						6		
		3	6	7				
		7		1				6
	6	4				2	7	
8				3		5		
				2	4	7		
		6						
3	7				1		4	2

Time taken: ____ ☆☆☆☆☆

Challenge Sudoku

		4	8				7	
1						8		2
						4	3	6
		5	4	3			9	
				2		5		
	2			1	9	5		
5	3	7						
2		1						4
	9				6	3		

Time taken: ____ ☆☆☆☆☆

Challenge Sudoku

		4						
			2	1				5
	5	7	9		8			4
9						6		
	3	1		2		5	9	
		2						7
2			7		3	9	4	
7				9	1			
					7			

Time taken: ____ ☆☆☆☆☆

Challenge Sudoku

		7				2	8	5
		1	4			7	6	
8			2					
3	1							
		2		6		4		
							5	3
					6			2
	7	6			3	1		
9	4	3				5		

Time taken: ____ ☆☆☆☆☆

Challenge Sudoku

			1			5	4	
	9	2		6				
7								3
	6				2		7	
		5	8	3	6	2		
	3		9				8	
3								9
				4		7	2	
	2	8			5			

Time taken: _____ ☆☆☆☆☆

Challenge Sudoku

				1	4		7	
	2				3			6
	8							9
		9	2			6		1
	4						3	
1		5			8	9		
8							9	
5			3				2	
	7		4	8				

Time taken: ____ ☆☆☆☆☆

Challenge Sudoku

9			4					2
	3			7	1			
	1		9		8			
	2		3				6	
4				8				1
	8				9		3	
			5		2		9	
			7	6			1	
6					3			7

Time taken: ____ ☆☆☆☆☆

Challenge Sudoku

5			7	6			4	
	2		4			9		
						7		1
8			6				7	9
2	1				7			6
9		1						
		3			5		1	
	6			8	3			4

Time taken: ____ ☆☆☆☆☆

Challenge Sudoku

				3			8	4
9		5	2				3	
4			8					
						7	5	
2		1		5		6		8
	5	9						
				4				5
	4			8	3			7
6	1		2					

Time taken: ____ ☆☆☆☆☆

Challenge Sudoku

	7						4	
		4		9	6	7		
3			1			6		
		1	7	5				
		9				4		
				6	1	5		
		2			7			4
		5	6	3		1		
	8						5	

Time taken: ____ ☆☆☆☆☆

Challenge Sudoku

	1		4			5		
		7	6	5			3	
5			1			2		4
8					6	4		
		6	8					2
1		4			9			7
	7			8	3	9		
		2			4		8	

Time taken: ____ ☆☆☆☆☆

Challenge Sudoku

			3	8				9
			7			2		
2					1		7	
				5	3	4	8	7
		3				1		
5	7	8	4	1				
	1		2					6
		5			8			
4				6	5			

Time taken: ____ ☆☆☆☆☆

Challenge Sudoku

		4		9		1	2	7
3	7		4					
			2				4	
		6		8				
8	4						6	9
				7		8		
	9				6			
					1		3	6
6	8	1		3		2		

Time taken: ____ ☆☆☆☆☆

Challenge Sudoku

7			4					5
		1		2				
	6		8			4	1	
				1	2		3	
			9		8			
	9		6	7				
	2	5			9		4	
				3		8		
8					4			6

Time taken: ____ ☆☆☆☆☆

Challenge Sudoku

4					6	2		
			3	5				
	5					9		3
7	1				2			9
			9		5			
9			6				1	4
6		7				3		
			4	1				
		2	8					5

Time taken: _____ ☆☆☆☆☆

Challenge Sudoku

7					8			2
		3			4			5
				3			8	
	1					8	7	
6	3			4			5	9
	9	5					6	
	6			1				
1			7			9		
5			3					8

Time taken: ____ ☆☆☆☆☆

Challenge Sudoku

		1			2			
		3	7	5				
	5					7	8	6
				7	3			
6	2			1			7	9
			4	9				
1	3	9					5	
			8	5	6			
			3		4			

Time taken: ____ ☆☆☆☆☆

Challenge Sudoku

	3				4			6
		9			2			
8	7					2	3	
			3	8			9	
		7				5		
	8			6	1			
	4	2					1	5
			4			7		
3			7				4	

Time taken: ____ ☆☆☆☆☆

Challenge Sudoku

				7		6	2	
	9		2		5	1		
						4		
1							8	3
8			4	1	9			5
9	2							6
	7							
		9	3		1		2	
4	3		7					

Time taken: _____ ☆☆☆☆☆

Challenge Sudoku

				7	5	9		1
				4	2	3	5	
3			6					8
5	7					4		
		2					6	9
1					8			4
	2	8	1	6				
6		3	2	5				

Time taken: ____ ☆☆☆☆☆

Challenge Sudoku

9				3				
3		1				9	2	
	6		8				3	1
	3		2	7				9
8			1	5		7		
7	8				1		9	
	5	2				1		6
			6					7

Time taken: ____ ☆☆☆☆☆

Challenge Sudoku

			8				3	5
	9				6	2		
	2					6		
8			6			9		7
			4	9	1			
1		9			2			3
		6					8	
		7	3				6	
2	8				7			

Time taken: ____ ☆☆☆☆☆

Challenge Sudoku

1				4			2	9
4				7	5			
	9				8			
6							3	
5		8				4		7
	1							8
			6				8	
			5	3				4
2	7			9				3

Time taken: _____ ☆☆☆☆☆

Challenge Sudoku

	6		2			7	3	
8			6					4
		4		1				
				9	8		2	
				4		2		
	1		3	5				
				3		5		
7					6			9
	5	6			4		8	

Time taken: ____ ☆☆☆☆☆

Challenge Sudoku

	5			6		7		
		7	4				5	
				7		6	2	
7						2		
4			2	9	1			8
		3						5
	1	8		5				
	4				9	5		
		6		4			3	

Time taken: ___ ☆☆☆☆☆

Challenge Sudoku

		5	1	8				
1				4			7	
	6		3					
4		2	6					
9		6				3		1
					5	9		4
					3		5	
	1			9				8
				2	1	4		

Time taken: ____ ☆☆☆☆☆

Challenge Sudoku

4			5		6	1		
8	1	3		9				7
				8				9
		2					1	3
3	7					5		
2				7				
7				2		4	3	1
		5	6		3			8

Time taken: ____ ☆☆☆☆☆

Challenge Sudoku

		8					9	
				1		5		2
	6		9		4			8
	9	6						
		5	2	3	7	6		
						8	5	
5			7		1		2	
4		1		9				
	7					3		

Time taken: ____ ☆☆☆☆☆

Challenge Sudoku

			2					
		1			5		9	2
					1	3	6	
	1			5	4			
		4	1		6	5		
			7	3			8	
	2	7	5					
6	3		8			4		
				7				

Time taken: ____ ☆☆☆☆☆

Challenge Sudoku

		9		5				4
1				4				
6						7		
				7	4		3	5
	7		6	1	5		8	
5	6		9	2				
		5						1
				8				3
7				6		9		

Time taken: ____ ☆☆☆☆☆